FINGERMAT! DEN BESTE SPISEMATEN ER DEN SPISET MED HENDENE DINE

100 MORSOMME OPPSKRIFTER FOR FESTENE DINE SOM VIL GJØRE ALLE MÅLLØSE

MAY HAUGE

Alle rettigheter forbeholdt.

Ansvarsfraskrivelse

Informasjonen i denne e-boken er ment å tjene som en omfattende samling av strategier som forfatteren av denne e-boken har forsket på. Oppsummeringer, strategier, tips og triks er kun anbefalinger fra forfatteren, og å lese denne e-boken vil ikke garantere at ens resultater nøyaktig vil speile forfatterens resultater. Forfatteren av e-boken har gjort alle rimelige anstrengelser for å gi oppdatert og nøyaktig informasjon til leserne av e-boken. Forfatteren og dens medarbeidere vil ikke holdes ansvarlig for eventuelle utilsiktede feil eller utelatelser som kan bli funnet. Materialet i e-boken kan inneholde informasjon fra tredjeparter. Tredjepartsmateriale består av meninger uttrykt av deres eiere. Som sådan påtar ikke forfatteren av e-boken seg ansvar eller ansvar for tredjepartsmateriale eller meninger. Enten på grunn av utviklingen av internett, eller uforutsette endringer i selskapets retningslinjer og redaksjonelle retningslinjer for innsending, kan det som er oppgitt som faktum på tidspunktet for skriving bli utdatert eller ubrukelig senere.

E-boken er copyright © 202 2 med alle rettigheter reservert. Det er ulovlig å redistribuere, kopiere eller lage avledet arbeid fra denne e-boken helt eller delvis. Ingen deler av denne rapporten kan reproduseres eller retransmitteres i noen form for reprodusert eller retransmittert i noen form uten skriftlig uttrykt og signert tillatelse fra forfatteren.

INNHOLDSFORTEGNELSE

INNHOLDSFORTEGNELSE 3

INNLEDNING 7

MINI-BITTER 9

1. 10
2. BURRITO-BITT 12
2. KYLLINGNØTTEBITER 15
3. 18
4. 21
5. BACON 23
6. PIZZABITER 25
7. BITT AV BACON OG LØKLØK 27
8. BACONPAKKEDE KYLLINGBITER 30
9. BACON-ØSTERSBITT 32
10. BUFFALO BLOMKÅLBITT 34
11. SJOKOLADE CHILI MINI CHURROS 37
12. BOUILLABAISSE BITER 40
13. BLOMKÅLBEGER 43
14. 45
15. 48
16. 50
17. 52
18. 55
19. 57
20. 60
21. 63
22. 66
23. 69
24. COCKTAILKEBAB 72

25. Cocktailvannkastanjer 75
26. Cocktail-wieners 77
27. Cocktailrug hors d'oeuvres 79

KJØTT OG VEGGIE BAL LS 81

28. Bacon jalapeño baller 82
29. Avokado prosciutto baller 84
30. Grillkuler 86
31. Bacon lønn pannekake baller 88
32. Sunbutter balls 90
33. Brasilianske løkbiter 92
34. Pizzaboller 94
35. Oliven- og fetakuler 96
36. Brie hasselnøttkuler 98
37. Curried tunfisk baller 100
38. 102
39. Saltet karamell og briekuler 105
40. Cocktailfest kjøttboller 108
41. Cocktailostkuler 111

CRUDITES 113

42. Crudites med glede 114
43. Grønne og hvite crudites 117
44. Kålrabi crudites 120
45. Remoulade med vegetabilsk crudites 122
46. Skeleton crudite 125
47. Krydret vintercrudite 128
48. Trefarget crudites tallerken 131
49. Haug grønnsaker på fat 134

DIPS OG SPRED 136

50. Krabbe rangoon dip 137
51. Geitost Guacamole 140

52.	Bayersk festdipp/pålegg	142
53.	Bakt artisjokk festdipp	145
54.	Buffalo kyllingdip	148
55.	Pizzadip	150
56.	Ranch dip	153
57.	Krydret reker og ostedip	155
58.	Hvitløk og bacon dip	158
59.	Kremet geitost Pesto Dip	161
60.	Hot Pizza Super dip	163
61.	Bakt spinat- og artisjokkdip	165

SØTTE GODT 168

62.	Bacon And Geit Cheese Pops	169
63.	Kokosvaniljeis	172
64.	Frosne fudge-ispinner	174
65.	Oransje tranebærispinner	177
66.	Polynesiske ispinner	179
67.	Peach Cream Creamsicles	181
68.	Sjokoladepopper	183
69.	Snøkongler av .... Glass	186
70.	Vannmelonispinner	188
71.	Matcha-ispinner	190

KANAPÉER 192

72.	Asparges og feta kanapeer	193
73.	Stekte	196
74.	Kaviarkanapeer og hors d'oeuvres	198
75.	Kanapeer med	200
76.	Sterke	203
77.	Rumaki kanapeer	205
78.	Kanapeer	208
79.	Spirer-fylte kanapeer	211

FORRETTSALATER 214

80. Tunfisk- og agurkbiter 215
81. Rødbete forrett salat 217
82. Karriedegg salat endivie kopper 220
83. Nasturtium reker forrett salat 222
84. Zucchini forrett salat 225
85. Peppersalat forrett 228
86. Fest antipasto salat 230
87. Rosa festsalat 233
88. 235
89. Cocktail teriyaki 238

CHIPS OG CRISPS 241

90. Prosciutto chips 242
91. Betechips 244
92. Byggflis 247
93. Cheddar mexi-melt crisps 250
94. Pepperonichips 253
95. Englesnød 256
96. Kyllingskinnschips satay 259
97. Kyllingskinn med avokado 262
98. Parmesan grønnsakschips 265
99. Gresskarpai kokosnøttchips 268
100. Kyllingskinnchips alfredo 271

KONKLUSJON 273

INTRODUKSJON

Hvem elsker ikke festfingermat? De er ikke bare deilige; de er avgjørende for å sikre at du får gjestene til å smile.

Hva er fingermat?

Fingermat er ideelt sett små, store matvarer som er ment å spises direkte med hendene, ingen redskaper nødvendig! I stedet for gaffel og kniver vil folk ofte servere disse mini-forrettene med spyd eller tannpirkere for enkel spising!

Hvis det tar deg mer enn tre biter å fullføre den, er det mest sannsynlig ikke en ekte fingermat! En matbit er den beste typen forretter å servere fordi de krever ingen servietter og lite eller ingen søl!

Fingermat har eksistert en stund nå. Tro det eller ei, de ble populære rundt forbudstiden da de hadde speakeasy-barer. Cocktailer ville bli servert ulovlig, og de ville følge de ulovlige drinkene med små matvarer som var enkle å servere og spise for å holde folk glade og også holde dem til å drikke!

Fancy fingermat er perfekt for cocktailfester og spesielle begivenheter eller høytider som bryllup eller nyttårsaften! De vil garantert imponere og perfekte for voksne!

La oss komme i gang da!

MINI-BITTER

1. Kaviar hjertekyss

Ingredienser:
- 1 Agurk, skrubbet og trimmet
- 1/3 kopp rømme
- 1 ts Tørket dill
- Nykvernet sort pepper etter smak
- 1 krukke rød laksekaviar
- Friske dillkvister
- 8 tynne skiver grovt brød
- Smør eller margarin

Veibeskrivelse:
a) Skjær agurk i 1/4-tommers runder.
b) Kombiner rømme, tørket dill og pepper i en liten bolle. Legg en teskje av rømmeblandingen på hver agurkskive. Pynt hver med ca 1/2 ts kaviar og en dillkvist.
c) Skjær brødskiver med hjerteformet kakeform. Toast og smør. Plasser agurkskiver i midten av serveringsfatet og omslut dem med toasthjerter.

2. Burrito biter

Ingredienser:
- 1 boks Tomater i terninger
- 1 kopp Øyeblikkelig ris
- ⅓ kopp Vann
- 1 grønn paprika, i terninger
- 2 grønne løk, i skiver
- 2 kopper Revet cheddarost, delt
- 1 boks Ranch Style Refried Beans (16 oz)
- 10 mel tortillas (6-7")
- 1 kopp Salsa

Veibeskrivelse:
a) Forvarm ovnen til 350'F. Spray en 9x12" bakebolle med PAM; sett til side.

b) Kombiner ris og vann i en middels kjele; varme opp til koking.

c) Reduser varmen, dekk til og la det småkoke i 1 minutt. Fjern fra varmen og la stå i 5 minutter eller til all væske er absorbert. Rør inn pepper, løk og 1 dl ost.

d) Fordel omtrent 3 ss bønner over hver tortilla til innenfor $\frac{1}{8}$" fra kanten. Legg risblandingen over bønner, rull sammen. Legg med sømsiden ned i tilberedt bakebolle, dekk med folie.

e) Stek i forvarmet ovn i 25 minutter eller til den er varm. Skjær tortillas i 4 biter og legg på et fat. Topp med salsa og ost . Topp med salsa og ost. Sett tilbake i ovnen og stek i 5 minutter eller til osten smelter.

2. Kyllingnøttebiter

Ingredienser:
- 1 kopp Kylling buljong
- ½ kopp Smør
- 1 kopp Mel
- 1 spiseskje Persille
- 2 teskjeer Krydret salt
- 2 teskjeer Worcestershire saus
- 34 teskjeer Selleri frø
- ½ teskje Paprika
- ⅛ teskje Cayenne
- 4 store egg
- 2 kyllingbryst, posjert, flådd
- ¼ kopp Ristede mandler

Veibeskrivelse:
a) Forvarm ovnen til 400 grader. Kombiner buljong og smør i en tykk panne og kok opp. Visp inn mel og krydder.

b) Kok, visp raskt, til blandingen forlater sidene av pannen og danner en jevn, kompakt ball. Fjern fra varme. Tilsett eggene ett om gangen, pisk godt til blandingen er blank. Rør inn kylling og mandler.

c) Legg avrundede teskjeer på smurte bakepapir. Stek i 15 minutter. Frys etter steking.

3. Buffalo kyllingfingre

Ingredienser:
- 2 kopper mandelmel
- 1 ts salt
- 1 ts sort pepper
- 1 ts tørket persille
- 2 store egg
- 2 ss fullfett hermetisk kokosmelk
- 2 pund kyllingmøre
- 1 1/2 kopper Franks rødglødende bøffelsaus

Veibeskrivelse:

a) Forvarm ovnen til 350°F.

b) Kombiner mandelmel, salt, pepper og persille i en middels bolle og sett til side.

c) Pisk egg og kokosmelk sammen i en egen middels bolle.

d) Dypp hver kylling mør i eggeblandingen og dekk deretter helt med mandelmelblanding. Ordne belagte møre i ett enkelt lag på en bakeplate.

e) Stek i 30 minutter, snu en gang under tilberedningen. Ta ut av ovnen og la avkjøles i 5 minutter.

f) Legg kyllingmøre i en stor bolle og tilsett bøffelsaus. Kast for å belegge helt.

4. Kjøttbrødmuffins

Ingredienser:
- 1 pund kjøttdeig
- 1 kopp hakket spinat
- 1 stort egg, lett pisket
- 1/2 kopp revet mozzarellaost
- 1/4 kopp revet parmesanost
- 1/4 kopp hakket gul løk
- 2 ss frøet og hakket jalapeñopepper

Veibeskrivelse:

a) Forvarm ovnen til 350°F. Smør lett hver brønn i en muffinsform.

b) Kombiner alle ingrediensene i en stor bolle og bruk hendene til å blande.

c) Øs en like stor del av kjøttblandingen i hver muffinsform og trykk lett ned. Stek i 45 minutter eller til innvendig temperatur når 165 °F.

5. Bacon avokado biter

Ingredienser:
- 2 store avokadoer, skrellet og uthulet
- 8 skiver bacon uten tilsatt sukker
- $^{1/2}$ ts hvitløkssalt _

Veibeskrivelse:

a) Forvarm ovnen til 425°F. Kle en kakeplate med bakepapir.

b) Skjær hver avokado i 8 like store skiver, og gjør 16 skiver totalt.

c) Skjær hver bit bacon i to. Pakk en halv skive bacon rundt hver avokadobit. Dryss over hvitløkssalt.

d) Legg avokadoen på en kake og stek i 15 minutter. Skru ovnen til å steke og fortsett å steke ytterligere 2-3 minutter til baconet blir sprøtt.

6. **Pizzabiter**

Ingredienser:

- 24 skiver sukkerfri pepperoni

- 1/2 kopp marinara saus

- 1/2 kopp revet mozzarellaost

Veibeskrivelse:

a) Slå på ovnsbroiler.

b) Kle en stekeplate med bakepapir og legg ut pepperoniskiver i ett lag.

c) Ha 1 ts marinarasaus på hver pepperoniskive og fordel utover med en skje. Legg 1 ts mozzarellaost på toppen av marinara.

d) Sett bakeplaten i ovnen og stek i 3 minutter eller til osten er smeltet og litt brun.

e) Fjern fra bakeplaten og legg over på et bakepapirkledd bakepapir for å absorbere overflødig fett.

7. Bacon og spissløkbitt

Ingredienser:

- ⅓ kopp mandelmel
- 1 ss usaltet smør, smeltet
- 1 (8-unse) pakke kremost, myknet til romtemperatur
- 1 ss baconfett
- 1 stort egg
- 4 skiver bacon uten tilsatt sukker, kokt, avkjølt og smuldret i biter
- 1 stor grønn løk, kun topper, i tynne skiver
- 1 fedd hvitløk, finhakket
- ⅛ ts sort pepper

Veibeskrivelse:

a) Forvarm ovnen til 325°F.

b) Kombiner mandelmel og smør i en liten miksebolle.

c) Kle 6 kopper av en muffinsform i standardstørrelse med cupcake-fôr. Fordel mandelmelblandingen likt mellom koppene og trykk forsiktig ned i bunnen med baksiden av en teskje. Stek i ovnen i 10 minutter, og fjern deretter.

d) Mens skorpen baker, bland grundig kremost og baconfett i en middels miksebolle med en stavmikser. Tilsett egg og bland til det er blandet.

e) Brett bacon, løk, hvitløk og pepper inn i kremostblandingen med en slikkepott.

f) Fordel blandingen mellom kopper, sett tilbake i ovnen og stek ytterligere 30–35 minutter til osten stivner. Kantene kan være litt brune. For å teste ferdigheten, sett inn en tannpirker i midten. Kommer den ren ut er ostekaken ferdig.

g) La avkjøles i 5 minutter og server.

8. Bacon-innpakket kyllingbiter

Ingredienser:

- 3/4 pund benfritt, skinnfritt kyllingbryst, kuttet i 1" terninger

- 1/2 ts salt _

- 1/2 ts sort pepper

- 5 skiver bacon uten tilsatt sukker

Veibeskrivelse:

a) Forvarm ovnen til 375°F.

b) Bland kyllingen med salt og pepper.

c) Skjær hver baconskive i 3 biter og pakk hver kyllingbit inn i et baconstykke. Fest med en tannpirker.

d) Legg innpakket kylling på en broiler rist og stek i 30 minutter, snu halvveis gjennom tilberedningen. Sett ovnen til å steke og stek i 3-4 minutter eller til baconet er sprøtt.

9. Bacon-østersbiter

Ingredienser:

- 8 skiver Bacon
- ½ kopp Herbed krydret stuffing
- 1 boks (5-oz) østers; hakket
- ¼ kopp Vann

Veibeskrivelse:

a) Forvarm ovnen til 350ø. Skjær baconskiver i to og stek litt. IKKE OVERSTEK.

b) Bacon må være mykt nok til å rulle lett rundt kuler. Bland sammen fyll, østers og vann.

c) Rull til små kuler, ca 16 stk.

d) Pakk ballene inn i bacon. Stek ved 350ø i 25 minutter. Serveres varm.

10. Buffalo blomkål biter

Ingredienser:
- 1 kopp mandelmel
- 1 ts granulert hvitløk
- 1/2 ts tørket persille
- 1/2 ts salt
- 1 stort egg
- 1 stort blomkålhode, kuttet i passe store buketter
- 1/2 kopp Franks rødglødende saus
- 1/4 kopp ghee

Veibeskrivelse:

a) Forvarm ovnen til 400°F. Kle en stekeplate med bakepapir.

b) Kombiner mandelmel, hvitløk, persille og salt i en stor forseglbar plastpose og rist for å blande.

c) Pisk egg i en stor bolle. Tilsett blomkål og bland for å dekke helt.

d) Overfør blomkål til pose fylt med mandelmelblanding og vend til belegg.

e) Legg blomkål i et enkelt lag på bakepapir og stek i 30 minutter eller til den er myk og litt brun.

f) Mens blomkålen bakes, kombinerer du varm saus og ghee i en liten kjele på lav varme.

g) Når blomkålen er kokt, kombinerer du blomkål med varm sausblanding i en stor miksebolle og blander til belegg.

11. Sjokolade Chili Mini Churros

Ingredienser:

- 1 kopp vann
- 1/2 kopp kokosolje eller vegansk smør
- 1 kopp mel
- 1/4 ts salt
- 3 egg pisket
- Kanel sukker blanding
- 1/2 kopp sukker1 ss kanel

Veibeskrivelse:

a) Forvarm ovnen til 400. Kombiner vann, kokosolje/smør og salt i en kjele og kok opp.

b) Visp inn mel, rør raskt til blandingen blir til en ball.

c) Rør sakte inn eggene litt om gangen, bland kontinuerlig for å sikre at eggene ikke rører seg.

d) La røren avkjøles litt, og overfør deretter til sprøyteposen.

e) Rør 3 tommer lange churros inn i rader på den smurte bakeplaten.

f) Stek i ovnen i 10 minutter ved 400 grader og stek deretter på høy i 1-2 minutter til churrosene dine er gyldenbrune.

g) I mellomtiden blander du sammen kanel og sukker i en liten form.

h) Når churros er ute av ovnen, rull dem inn i kanel- og sukkerblandingen til de er helt dekket. Sette til side.

12. Bouillabaisse biter

Ingredienser:
- 24 medium reker -- skrellet og
- Deveined
- 24 medium havskjell
- 2 kopper tomatsaus
- 1 boks hakket muslinger (6-1/2 oz)
- 1 ss Pernod
- 20 milliliter
- 1 laurbærblad
- 1 ts basilikum
- ½ ts salt
- ½ ts nykvernet pepper
- Hvitløk - finhakket
- Safran

Veibeskrivelse:
a) Spidd reker og kamskjell på 8-tommers bambusspyd, med 1 reke og 1 kamskjell

per spyd; vikle halen av reker rundt kamskjell.

b) Bland tomatsaus, muslinger, Pernod, hvitløk, laurbærblad, basilikum, salt, pepper og safran sammen i en kjele. Kok opp blandingen.

c) Legg grillspyd fisk i en grunn ildfast form.

d) Drypp saus over spydene. Stek uten lokk ved 350 grader i 25 minutter. Gjør 24

13. Blomkål kopper

Ingredienser:

- 1 1/2 kopper blomkålris –
- 1/4 kopp hakket løk
- 1/2 kopp revet pepper jack ost
- 1/2 ts tørket oregano
- 1/2 ts tørket basilikum
- 1/2 ts salt _
- 1 stort egg, lett pisket

Veibeskrivelse:

a) Forvarm ovnen til 350°F.

b) Kombiner alle ingrediensene i en stor miksebolle og rør for å innlemme.

c) Hell blandingen i brønnene i en mini muffinsform og pakk lett.

d) Stek i 30 minutter eller til koppene begynner å bli sprø. La avkjøle litt og ta ut av formen.

14. Mac og ostekopper

Ingredienser:
- 8 oz albuemakaroni
- 2 ss saltet smør
- 1/4 ts paprika (bruk røkt paprika hvis du har)
- 2 ss mel
- 1/2 kopp helmelk
- 8 oz skarp cheddarost revet
- hakket gressløk eller løk til pynt
- smør for å smøre pannen

Veibeskrivelse:

a) Smør en non-stick: mini muffinsform veldig godt med smør eller non-stick: matlagingsspray. Forvarm ovnen til 400 grader F.

b) Kok opp en kjele med saltet vann over høy varme, og kok deretter pastaen i 2 minutter mindre enn det står på pakken.

c) Smelt smøret og tilsett paprikaen. Tilsett melet og rør blandingen rundt i 2 minutter. Tilsett melken mens du visper.

d) Ta kjelen av varmen og tilsett ostene og avrent pasta, rør det hele sammen til osten og sausen er godt fordelt.

e) Del macen og osten i muffinskoppene, enten med en skje eller en 3-ss kakeskje.

f) Stek mac and cheese koppene i 15 minutter, til de er boblende og klebrige.

15. Bologna quiche kopper

Ingredienser:
- 12 skiver bologna
- 2 egg
- ½ kopp kjeksblanding
- ½ kopp revet skarp ost
- ¼ kopp søt sylteagurk velsmak
- 1 kopp melk

Veibeskrivelse:

a) Legg bolognaskiver i lett smurte muffinsformer for å danne kopper.

b) Bland sammen de resterende ingrediensene. Hell i bolognakopper.

c) Stek ved (400F) i 20-25 minutter eller til de er gylne.

16. Muffins prosciutto kopp

Ingredienser:
- ₁ skive prosciutto (ca. 1/2 ᵘⁿˢᵉ)
- 1 middels eggeplomme
- 3 ss brie i terninger
- 2 ss mozzarellaost i terninger
- 3 ss revet parmesanost

Veibeskrivelse:

a) Forvarm ovnen til 350°F. Ta ut en muffinsform med brønner ca. 2 1/2 " brede og 1 1/2 " dype.

b) Brett prosciuttoskiven i to så den blir nesten firkantet. Legg den i muffinsformen godt for å kle den helt.

c) Legg eggeplomme i prosciutto-koppen.

d) Legg oster på toppen av eggeplommen forsiktig uten å knekke den.

e) Stek ca 12 minutter til eggeplommen er kokt og varm, men fortsatt rennende.

f) La avkjøles i 10 minutter før du tar den ut av muffinsformen.

17. Rosenkål kopper

Ingredienser:
- 12 medium rosenkål
- 6 gram Yukon Gold -poteter
- 2 spiseskjeer Skummet melk
- 1 spiseskje Oliven olje
- ⅛ teskje Salt
- 2 gram Røkt ørret, flådd
- 1 Stekt rød pepper, kuttet i 2 tommers ganger 1/8 tommers strimler

Veibeskrivelse:

a) Forvarm ovnen til 350

b) Trim stilkene, kutt i to på langs, fjern kjernen og etterlater kopper med mørkere grønne blader.

c) Damp spirekopper i 6 minutter eller til de er møre når de er gjennomboret med en skarp kniv og fortsatt er lysegrønne.

d) Tøm opp ned på tørkepapir. Kok potetene til de er møre, hell av, tilsett melk, olivenolje og salt.

e) Pisk til glatt. Brett forsiktig inn ørreten. +¼> skje i skjell og legg pepperstrimler på toppen.

18. Endivie kopper

Ingredienser:
- 1 stort hardkokt egg, skrelt
- 2 ss hermetisk tunfisk i olivenolje, avrent
- 2 ss avokadomasse
- 1 ts fersk limejuice
- 1 ss majones
- $1/8$ ts havsalt _
- $1/8$ ts sort pepper
- 4 belgiske endivblader, vasket og tørket

Veibeskrivelse:
a) I en liten foodprosessor blander du alle ingrediensene unntatt endive til det er godt blandet.

b) Øs 1 ss tunfiskblanding på hver endivbeger.

19. Taco kopper

Ingredienser:

- C hili pulver , spisskummen, paprika

- Salt , sort pepper

- 1/4 ts tørket oregano

- 1/4 ts knuste røde pepperflak

- 1/4 ts granulert hvitløk

- 1/4 ts granulert løk

- 1 pund 75 % magert kjøttdeig

- 8 (1 unse) skiver skarp cheddarost

- 1/2 kopp salsa uten tilsatt sukker

- 1/4 kopp hakket koriander

- 3 ss Franks rødglødende saus

Veibeskrivelse:

a) Forvarm ovnen til 375°F. Kle en stekeplate med bakepapir.

b) Kombiner krydder i en liten bolle og rør for å blande. Stek kjøttdeig i en middels stekepanne på middels høy varme. Når oksekjøttet nesten er ferdig stekt, tilsett krydderblandingen og rør for å dekke helt. Fjern fra varmen og sett til side.

c) Anrett cheddarostskiver på en bakeplate. Stek i forvarmet ovn i 5 minutter eller til den begynner å bli brun. La det avkjøles i 3 minutter og skrell deretter fra bakeplaten og overfør hver skive til brønnen i en muffinsform, og danner en kopp. La det avkjøles.

d) Øs like mengder kjøtt i hver kopp og topp med 1 spiseskje salsa. Dryss koriander og varm saus på toppen.

20. Skinke 'n' cheddar kopper

Ingredienser:
- 2 kopper All-purpose mel
- ¼ kopp Sukker
- 2 teskjeer Bakepulver
- 1 teskje Salt
- ¼ teskje Pepper
- 6 egg
- 1 kopp Melk
- ½ pund Fullkokt skinke; terninger
- ½ pund cheddarost; terninger eller strimlet
- ½ pund Bacon i skiver; kokt og smuldret
- 1 liten Løk; finhakket

Veibeskrivelse:
a) I bollen, bland mel, sukker, bakepulver, salt og pepper. Pisk egg og melk; rør inn de tørre ingrediensene til de er godt blandet. Rør inn skinke, ost, bacon og løk.

b) Fyll godt smurte muffinskopper til tre fjerdedeler.

c) Stek ved 350° i 45 minutter. Avkjøl i 10 minutter før den tas ut på rist.

21. Cocktailparty reker

Ingredienser:
- 1 haug med løk/sjalottløk
- ½ stor haug persille
- 2 bokser Hele pimenter
- 2 store Pods hvitløk
- 3 deler salatolje til 1 del
- hvit eddik
- Salt
- Pepper
- Tørr sennep
- rød pepper
- 5 pounds Kokt skall renset
- Reker eller tine frosne

Veibeskrivelse:
a) Hakk grønnsakene fint i en kjøkkenmaskin eller blender. Tilsett olje/eddikblandingen. Bland godt. Smak til med annet krydder.

b) Hell blandingen over reker, snu flere ganger. Avkjøl i minst 24 timer, bland av og til. Tøm væsken for servering. Server med tannpirkere.

22. Cocktail gulrotpinner

Ingredienser:
- 1½ kopp Sukker

- 3 spiseskjeer Salt

- 2 liter hvit eddik

- 2 spiseskjeer Sennepsfrø

- 2 spiseskjeer Selleri frø

- 1 spiseskje Dillfrø

- 2 teskjeer Basilikum tørket

- 1 teskje Varme pepperflak

- 5 pund gulrøtter

- 5 kvister dill

Veibeskrivelse:
a) Kombiner sukker, salt og eddik i en liten glasspanne og kok opp; reservere. Kombiner de resterende ingrediensene unntatt gulrøtter og dillkvister; reservere.

b) Julienne gulrøtter (½-tommers kvadrat) og kutt i lengder for å passe inn i glass.

Varm opp eddikblandingen på nytt, tilsett 1 ts krydder og $\frac{1}{2}$ kopp av eddikblandingen i hver krukke.

c) Pakk gulrøtter vertikalt og la det være $\frac{1}{4}$ tommes hoderom, legg en kvist dill på toppen og fyll glassene med eddikblanding.

d) Forsegl og bearbeid i 5 minutter i et kokende vannbad.,

23. Cocktailkrempuffs

Ingredienser:

- ½ kopp Smør
- 1 kopp Mel
- 4 egg
- 1 kopp Kokende vann
- 2 spiseskjeer Smør
- 1 kopp Pekannøtter, hakket
- 1½ kopp Kylling, kokt
- ¼ teskje Salt
- 3 gram kremost
- ¼ kopp Majones
- ¼ teskje Sitronskall

Veibeskrivelse:

a) Bland smør og kokende vann i en kjele. Tilsett mel og salt, kok opp i ca 2 minutter eller til det blir en myk ball. Tilsett egg, ett om gangen, pisk godt.

b) Hell teskjeer av blandingen på smurt bakeplate. Stek i 20 - 22 minutter ved 425 grader. Avkjøl på rist.

c) Smelt smør i pannen; tilsett pekannøtter og kok på lav varme til de er brune. Avkjøl og bland de resterende ingrediensene. Brukes til å fylle krempuffs.

d) Skjær en skive av toppen av puff og fyll med kyllingfyll. Bytt topper.

24. Cocktailkebab

Ingredienser:
- 8 store Reker, kokte
- 2 grønne løk, trimmet
- ½ rød paprika, med frø, kuttet i tynne strimler
- 8 små modne eller grønne oliven
- 1 b fedd hvitløk, knust
- 2 spiseskjeer Sitronsaft
- 2 spiseskjeer Oliven olje
- 1 teskje Sukker
- 1 teskje Grovmalt sennep
- ¼ teskje Kremet pepperrot

Veibeskrivelse:
a) Fjern hoder og kroppsskall fra reker, men la stå på haleskjellene.
b) Devein reker ved å fjerne svart ryggmarg. Kutt hver grønn løk i 4

tusenfryd. Ha reker, grønn løk, paprika og oliven i en bolle.

c) Bland hvitløk, sitronsaft, olivenolje, sukker, sennep og pepperrot.

d) Hell over rekeblandingen, dekk til og mariner i minst 2 timer, rør av og til. Fjern ingrediensene fra marinaden og tre likt på 8 trepinner. Tørk av på tørkepapir.

25. Cocktailvannkastanjer

Ingredienser:

- 8½ unse boks med vannkastanjer

- Spar 1/2 kopp væske

- ½ kopp Eddik

- 12 baconskiver, halvert

- ¼ kopp brunt sukker

- ¼ kopp Catsup

Veibeskrivelse:

a) Mariner kastanjer i væske og eddik i 1 time. Tappe.

b) Bland brunt sukker og catsup; smør deretter på bacon. Rull kastanjer i bacon. Fest med tannpirkere.

c) Stek til baconet er sprøtt.

26. Cocktail-wieners

Ingredienser:
- ¾ kopp Tilberedt sennep
- 1 kopp Ripsgele
- 1 pund (8-10) frankfurtere Wieners

Veibeskrivelse:
a) Bland sennep og ripsgelé i gnagsår eller dobbel kjele.

b) Skjær frankfurter diagonalt i biter. Tilsett sausen og varm gjennom.

27. Cocktail rug hors d'oeuvres

Ingredienser:
- 1 kopp majones
- 1 kopp Strimlet skarp cheddarost
- ½ kopp Parmesan ost
- 1 kopp Grønn løk i skiver
- Cocktailrugbrødskiver

Veibeskrivelse:
a) Kombiner majo, ost og løk. Sett ca 1½ ss (eller mer) på hver brødskive.

b) Legg på en bakeplate og legg under broiler til boblende, pass på at de ikke brenner seg.

KJØTT OG VEGGIE BALLS

28. Bacon jalapeño baller

Ingredienser:
- 5 skiver bacon uten tilsatt sukker, kokt, fett reservert
- 1/4 kopp pluss 2 ss (3 unser) kremost
- 2 ss reservert baconfett
- 1 ts frøet og finhakket jalapeñopepper
- 1 ss finhakket koriander

Veibeskrivelse:

1. På et skjærebrett, kutt bacon i små smuler.

2. Kombiner kremost, baconfett, jalapeño og koriander i en liten bolle; bland godt med en gaffel.

3. Form blandingen til 6 kuler.

4. Legg baconsmuldre på en middels tallerken og rull individuelle kuler gjennom for å dekke jevnt.

5. Server umiddelbart eller oppbevar i kjøleskap i opptil 3 dager.

29. Avokado prosciutto baller

Ingredienser:

- 1/2 kopp macadamianøtter _

- 1/2 stor avokado , skrellet og uthulet (ca. 4 gram fruktkjøtt)

- 1 unse kokt prosciutto, smuldret

- 1/4 ts sort pepper

Veibeskrivelse:

a) Puls macadamianøtter i en liten foodprosessor til de er smuldret jevnt. Del i to.

b) Kombiner avokado, halvparten av macadamianøttene, prosciutto-smulder og pepper i en liten bolle og bland godt med en gaffel.

c) Form blandingen til 6 kuler.

d) Plasser gjenværende smuldrede macadamianøtter på en middels tallerken og rull individuelle kuler gjennom for å dekke jevnt.

e) Server umiddelbart.

30. Grillkuler

Ingredienser:

- 4 unser (1/2 kopp) kremost
- 4 ss baconfett
- 1/2 ts røyksmak _
- 2 dråper stevia glyseritt
- 1/8 ts eplecidereddik _
- 1 ss søtrøkt chilipulver

Veibeskrivelse:

a) I en liten foodprosessor, bearbeid alle ingrediensene unntatt chilipulver til de danner en jevn krem, ca 30 sekunder.

b) Skrap blandingen og ha over i en liten bolle, og avkjøl deretter i 2 timer.

c) Form til 6 kuler ved hjelp av en skje.

d) Dryss kuler med chilipulver, rull rundt for å dekke alle sider.

e) Server umiddelbart eller oppbevar i kjøleskap i opptil 3 dager.

31. Bacon lønn pannekake baller

Ingredienser:

- 5 skiver bacon uten tilsatt sukker, kokt
- 4 unser (1/2 kopp) kremost
- 1/2 ts lønnsmak
- 1/4 ts salt
- 3 ss knuste pekannøtter

Veibeskrivelse:

a) På et skjærebrett, kutt bacon i små smuler.

b) I en liten bolle kombinerer du kremost og baconsmuler med lønnsmak og salt; bland godt med en gaffel.

c) Form blandingen til 6 kuler.

d) Plasser knuste pekannøtter på en middels tallerken og rull individuelle kuler gjennom for å dekke jevnt.

e) Server umiddelbart eller oppbevar i kjøleskap i opptil 3 dager.

32. Sunbutter baller

Ingredienser:

- 6 ss mascarponeost

- 3 ss solsikkefrøsmør uten tilsatt sukker

- 6 ss kokosolje, myknet

- 3 ss usøtet strimlede kokosflak

Veibeskrivelse:

a) I en middels bolle blander du mascarponeost, solsikkefrøsmør og kokosolje til det dannes en jevn pasta.

b) Form pastaen til kuler på størrelse med valnøtt. Hvis blandingen er for klissete, sett i kjøleskapet 15 minutter før du danner kuler.

c) Fordel kokosflak på en middels tallerken og rull individuelle kuler gjennom for å dekke jevnt.

33. Brasilianske løkbiter

Ingredienser:
- 1 liten Løk 1/4'd på langs
- 6 ss majones
- Salt og pepper
- 6 brødskiver -- skorpene fjernet
- 3 ss parmesanost -- revet

Veibeskrivelse:

a) Forvarm ovnen til 350. Bland løken med 5 ss av majonesen og salt og pepper etter smak. Sette til side. Smør 3 brødskiver på den ene siden med den resterende majonesen. Skjær disse i kvarte.

b) Skjær de resterende 3 brødskivene i kvarte og fordel hver rute jevnt med løkblandingen. Topp med de reserverte brødrutene, majonessiden opp. Legg disse på en bakeplate og strø toppene rikelig med parmesanost.

c) Stek til de er lett gylne og litt oppblåste, ca 15 minutter. Server umiddelbart.

34. Pizzakuler

Ingredienser:
- 1/4 kopp (2 unser) fersk mozzarellaost
- 2 unser (1/4 kopp) kremost
- 1 ss olivenolje
- 1 ts tomatpuré
- 6 store kalamata-oliven, uthulet
- 12 friske basilikumblader

Veibeskrivelse:

a) I en liten foodprosessor, bearbeid alle ingrediensene unntatt basilikum til de danner en jevn krem, ca 30 sekunder.

b) Form blandingen til 6 kuler ved hjelp av en skje.

c) Legg 1 basilikumblad på toppen og bunnen av hver kule og fest med en tannpirker.

d) Server umiddelbart eller oppbevar i kjøleskap i opptil 3 dager.

35. Oliven- og fetakuler

Ingredienser:
- ₂ unser (1/4 kopp) kremost
- 1/4 kopp (₂ unser) fetaost
- 12 store kalamata-oliven, uthulet
- 1/8 ts finhakket fersk timian
- 1/8 ts fersk sitronskall

Veibeskrivelse:

a) I en liten foodprosessor, bearbeid alle ingrediensene til de danner en grov deig, ca 30 sekunder.

b) Skrap blandingen og overfør til en liten bolle, og avkjøl i 2 timer.

c) Form til 6 kuler ved hjelp av en skje.

d) Server umiddelbart eller oppbevar i kjøleskap i opptil 3 dager.

36. Brie hasselnøttkuler

Ingredienser:
- 1/2 kopp (4 unser) _{Brie}
- 1/4 _{kopp} ristede hasselnøtter
- 1/8 ts _{finhakket} fersk timian

Veibeskrivelse:

a) I en liten foodprosessor, bearbeid alle ingrediensene til de danner en grov deig, ca 30 sekunder.

b) Skrap blandingen, overfør til en liten bolle og avkjøl i 2 timer.

c) Form til 6 kuler ved hjelp av en skje.

d) Server umiddelbart eller oppbevar i kjøleskap i opptil 3 dager.

37. Curried tunfisk baller

Ingredienser:
- 1/4 kopp pluss 2 ss (3 unser) tunfisk i olje, drenert
- 2 unser (1/4 kopp) kremost
- 1/4 ts karripulver, delt
- 2 ss smuldrede macadamianøtter

Veibeskrivelse:

a) I en liten foodprosessor, bearbeid tunfisk, kremost og halvparten av karripulveret til de danner en jevn krem, ca. 30 sekunder.

b) Form blandingen til 6 kuler.

c) Legg smuldrede macadamianøtter og gjenværende karripulver på en middels tallerken og rull individuelle kuler gjennom for å dekke jevnt.

38. Svinekjøttbomber

Ingredienser:
- 8 skiver bacon uten tilsatt sukker
- 8 gram Braunschweiger ved romtemperatur
- 1/4 kopp hakkede pistasjnøtter
- 6 unser (3/4 kopp) kremost, myknet til romtemperatur
- 1 ts dijonsennep

Veibeskrivelse:

a) Stek bacon i en middels stekepanne på middels varme til det er sprøtt, 5 minutter per side. Hell av på tørkepapir og la avkjøles. Når den er avkjølt, smuldre den til små baconbiter.

b) Ha Braunschweiger med pistasjnøtter i en liten foodprosessor og kjør til den akkurat er blandet.

c) I en liten miksebolle bruker du en stavmikser til å piske kremost og dijonsennep til det er kombinert og luftig.

d) Del kjøttblandingen i 12 like porsjoner. Rull til kuler og dekk i et tynt lag med kremostblanding.

e) Avkjøl minst 1 time. Når du er klar til servering, legg baconbiter på en middels tallerken, rull baller gjennom for å dekke jevnt og nyt.

f) Fettbomber kan kjøles i en lufttett beholder i opptil 4 dager.

39. Salte karamell- og briekuler

Ingredienser:

- 1/2 kopp (4 unser) grovhakket Brie

- 1/4 kopp saltede macadamianøtter

- 1/2 ts karamellsmak _

Veibeskrivelse:

a) I en liten foodprosessor, bearbeid alle ingrediensene til de danner en grov deig, ca 30 sekunder.

b) Form blandingen til 6 kuler ved hjelp av en skje.

c) Server umiddelbart eller oppbevar i kjøleskap i opptil 3 dager.

40. Cocktailparty kjøttboller

Ingredienser:
- ¼ kopp Fettfri cottage cheese
- 2 eggehviter
- 2 teskjeer Worcestershire saus
- ½ kopp Pluss 2 ss vanlig brødsmuler
- 8 gram malt kalkunbryst
- 6 gram kalkunpølse; fjernet fra foringsrør
- 2 spiseskjeer Finhakket løk
- 2 spiseskjeer Finhakket grønn paprika
- ½ kopp Klippet fersk persille og bladselleri

Veibeskrivelse:
a) Spray et kakepapir med no-stick spray og sett til side.

b) I en stor bolle, rør sammen cottage cheese, eggehviter, Worcestershire saus og ½ kopp brødsmuler. Rør inn kalkunbryst, kalkunpølse, løk og grønn paprika.

c) Form fjærfeblandingen til 32 kjøttboller. På et ark med vokspapir, kombiner persille, bladselleri og resterende 2 ss brødsmuler. Rull kjøttbollene i persilleblandingen til de er jevnt dekket.

d) Overfør kjøttbollene til den tilberedte kakeplaten. Stek 3 til 4 tommer fra varmen i 10 til 12 minutter .

41. Cocktail ostekuler

Ingredienser:

- 8 gram ost, myknet

- ¼ kopp Vanlig fettfri yoghurt

- 4 gram strimlet cheddarost

- 4 gram strimlet sveitsisk ost med redusert fett

- 2 teskjeer Revet løk

- 2 teskjeer Tilberedt pepperrot

- 1 teskje Dijon-sennep i landlig stil

- ¼ kopp hakket fersk persille

Veibeskrivelse:

a) Kombiner ost og yoghurt i en stor miksebolle; pisk på middels hastighet i en elektrisk mikser til jevn. Tilsett cheddarost og de neste 4 ingrediensene; rør godt om. Dekk til og avkjøl i minst 1 time.

b) Form osteblandingen til en ball, og dryss over persille. Press persille forsiktig inn i osteboller. Pakk ostebollen inn i kraftig plastfolie og avkjøl. Server med diverse usaltede kjeks.

KRUDITTER

42. Crudites med velsmak

Ingredienser:
- 2 teskjeer Oliven olje
- 1 kopp Finhakket løk
- 1 spiseskje Hakket hvitløk
- 1 kopp Hermetiske knuste tomater
- 1 teskje Fersk sitronsaft
- ¼ kopp soltørkede tomater
- ¼ kopp Uthulede grønne oliven; (ca 10)
- ¼ kopp (pakket) friske basilikumblader
- 4 store Drenerte hermetiske artisjokkhjerter
- 2 ss hakket fersk persille
- 2 ss ristede pinjekjerner
- Assorterte grønnsaker

Veibeskrivelse:
a) Varm olje i middels non-stick: panne over middels varme. Tilsett løk og fres til den begynner å bli myk, ca 3 minutter. Tilsett hvitløk; fres i 30 sekunder. Rør

inn hermetiske tomater og sitronsaft. La det småkoke. Fjern fra varme.

b) Kombiner soltørkede tomater og de neste 5 ingrediensene i prosessoren. Bruk av/på-svingene og bearbeid til grønnsakene er finhakket. Overfør til middels bolle. Rør inn tomatblandingen. Smak til med salt og pepper.

43. Grønne og hvite crudites

Ingredienser:
- ½ kopp Naturell yoghurt
- ½ kopp Rømme
- ½ kopp Majones
- 1½ teskje Hvitvinseddik; eller etter smak
- 1½ teskje Grovkornet sennep
- 1 stor Hvitløksfedd; hakket og moset
- 1 teskje anis; knust
- 2 teskjeer Pernod; eller etter smak
- 1½ spiseskje Finhakkede estragonblader
- 12 kopper Assorterte råvarer

Veibeskrivelse:

a) I en bolle visp sammen alle ingrediensene unntatt urter med salt og pepper etter smak. Avkjøl dip, tildekket, minst 4 timer og opptil 4 dager. Rett før servering rører du inn estragon og kjørvel.

b) Anrett crudités dekorativt på en tallerken med tallerkener eller i en stor kurv og server med dip.

44. Kålrabi crudites

Ingredienser:

- ½ kopp Soyasaus; lys
- ½ kopp Riseddik
- 1 teskje Sesamfrø; ristet
- 1 spiseskje Scallions; hakket
- 4 kopper Kålrabi skiver; kuttes i biter

Veibeskrivelse:

a) Kombiner soyasaus, eddik, sesamfrø og løk.

b) Server i en bolle omgitt av kålrabibiter. Gi valg for å spise.

45. Remoulade med grønnsakscrudites

Ingredienser:

- ½ kopp Kreolsk eller brun sennep
- ½ kopp Salat olje
- ¼ kopp Catsup
- ¼ kopp Cider eddik
- ¼ teskje Tabasco saus
- 2 spiseskjeer Finhakket selleri
- 2 spiseskjeer Finhakket løk
- 2 spiseskjeer Finhakket grønn pepper
- cherrytomater
- Soppskiver
- Agurkskiver
- Selleri skiver
- Gulrotskiver

Veibeskrivelse:

a) Kombiner sennep, olje, catsup, eddik, Tabasco og hakkede grønnsaker; dekk til og avkjøl.

b) Server dip med hele og oppskårne grønnsaker.

46.   Skeleton crudite

Ingredienser:

- 3 kopper Yoghurt med lite fett
- 1 kopp Mayo
- ½ kopp Ferskensyltetøy
- 1 ts appelsinjuice
- ½ teskje karri pulver
- ½ teskje Pepper.

Skjelettingredienser

- 1 zucchini delt i to på langs
- 1 gul squash delt i to
- 6 ribber selleri delt i to på langs e
- 1 agurk skåret i skiver
- 1 gulrot kuttet i staver
- 10 babygulrotfingre
- 1 rød paprika kuttet i 2 tommer tykke strimler
- 1 gul paprika kuttet i 2 tommer tykke strimler

- 2 brokkolibuketter / 2 blomkålbuketter

- 10 snøerter / 2 cherrytomater

- 2 sopp / 1 reddik

- 4 grønne bønner / 2 gule bønner

Veibeskrivelse:

a) Rør sammen 3 kopper lav-fett yoghurt, 1 kopp majo, ½ kopp fersken syltetøy, 1 ss appelsinjuice, ½ ts karripulver og ½ ts pepper i en hodeskallestørrelse bolle eller tatt ut salathode. Avkjøl.

b) Sett sammen skjelett

47. Krydret vintercrudite

Ingredienser:
- 1 rødløk; skrelt i skiver
- 1 grønn pepper; frø og kuttes
- 1 rød eller gul paprika; frø og kuttes
- 1 kålrot; skrelt og tynt
- 2 kopper blomkålbuketter
- 2 kopper brokkolibuketter
- 1 kopp babygulrøtter; trimmet
- ½ kopp Reddiker i tynne skiver
- 2 ss salt
- 1½ kopp olivenolje
- 1 gul løk; skrelt og fint; hakket
- ⅛ teskje safran tråder
- Klyp gurkemeie, malt spisskummen, svart pepper, paprika, cayenne, salt

Veibeskrivelse:

a) Legg de tilberedte grønnsakene i en stor bolle, dryss dem med 2 ss salt og tilsett kaldt vann.

b) Neste dag, tøm og skyll grønnsakene. Forbered marinaden ved å putre løk, krydder og salt i olivenolje i 10 minutter.

c) Fordel grønnsakene i en 9 x 13 tommers form. Hell den varme marinaden over dem.

d) Ha over i en dekorativ bolle for servering, enten kald eller ved romtemperatur.

48. Trefarget crudites tallerken

Ingredienser:
- ¼ kopp Pluss 1T rødvinseddik
- 3 spiseskjeer Dijon sennep
- ½ kopp Pluss 2 T olivenolje
- 2 spiseskjeer Finhakket fersk basilikum ELLER
- 2 teskjeer Tørket basilikum
- 2 spiseskjeer Finhakket fersk gressløk el
- Grønn løk
- 1 teskje Finhakket fersk rosmarin
- 2 store agurker, skrelt,
- 2 teskjeer Salt
- 2 store, rå rødbeter, skrellet, revet
- 2 store gulrøtter, skrelt, revet
- 2 store zucchini, revet
- 1 haug med reddiker, trimmet

Veibeskrivelse:

a) Visp eddik og dijonsennep for å blande i en liten bolle. Pisk gradvis inn olivenolje. Bland inn basilikum, gressløk og rosmarin. Smak til med salt og pepper.

b) Kast agurker og 2 ts salt i bollen. La stå i 1 time. Skyll og tøm godt. Plasser agurker i en liten bolle; tilsett nok dressing til pelsen.

c) Legg rødbeter, gulrøtter og zucchini i separate boller. Kast hver grønnsak med nok dressing til å belegge.

49. Haug grønnsaker på fat

Ingredienser:

- 1 kopp Hermetisert mais, drenert
- 1 liten Grønn løk, hakket
- 1 grønn paprika, hakket
- 1 fedd hvitløk, finhakket
- 1 frisk tomat, hakket
- ¼ kopp Frisk persille, hakket
- ¼ kopp Ekstra virgin olivenolje
- 2 ss balsamicoeddik
- Salt , Pepper
- 1 Skålløk, hakket

Veibeskrivelse:

a) Bland mais med løk, grønn pepper, hvitløk og tomat. Bland olivenolje og eddik i en egen liten bolle eller kopp.

b) Hell over grønnsaker, bland med persille; smak til med salt og pepper. Pynt hver porsjon med løk.

DIPPER OG SPREDER

50. Krabbe rangoon dip

Ingredienser:

- 1 (8-unse) pakke kremost, myknet til romtemperatur

- 2 ss olivenoljemajones

- 1 ss ferskpresset sitronsaft

- 1/2 ts havsalt _

- 1/4 ts sort pepper

- 2 fedd hvitløk, finhakket

- 2 mellomstore grønne løk, i terninger

- 1/2 kopp revet parmesanost

- 4 unser (ca. 1/2 kopp) hermetisert hvitt krabbekjøtt

Veibeskrivelse:

a) Forvarm ovnen til 350°F.

b) I en middels bolle blander du kremost, majones, sitronsaft, salt og pepper med en stavmikser til det er godt innarbeidet.

c) Tilsett hvitløk, løk, parmesanost og krabbekjøtt og vend inn i blandingen med en slikkepott.

d) Overfør blandingen til en ovnssikker kjele og fordel jevnt utover.

e) Stek i 30–35 minutter til toppen av dippen er litt brun. Serveres varm.

51. Geitost Guacamole

Serverer: 4-6

Ingredienser

- 2 avokadoer
- 3 gram geitost
- skall fra 2 lime
- sitronsaft fra 2 lime
- ¾ teskje hvitløkspulver
- ¾ teskje løkpulver
- ½ ts salt
- ¼ teskje rød pepperflak (valgfritt)
- ¼ teskje pepper

Veibeskrivelse:

a) Tilsett avokado i en foodprosessor og kjør til en jevn masse. Tilsett resten av ingrediensene og bland til det er blandet inn.

b) Server med chips.

52. Bayersk festdipp/pålegg

Utbytte: 1 1/4 pund

Ingredienser:
- ½ kopp løk, finhakket
- 1 pund Braunschweiger
- 3 gram kremost
- ¼ teskje svart pepper

Veibeskrivelse:

a) Stek løkene i 8-10 minutter, rør ofte; fjern fra varmen og tøm. Fjern dekslet fra Braunschweiger og bland kjøttet med kremosten til det er jevnt. Bland inn løk og pepper.

b) Server som leverpålegg på kjeks, tynne skiver festrug eller server som en dip akkompagnert av en rekke friske, rå grønnsaker som gulrøtter, selleri, brokkoli, reddiker, blomkål eller cherrytomater.

53. Bakt artisjokk partydipp

Ingredienser:
- 1 Brød stort mørkt rugbrød
- 2 ss smør
- 1 haug med grønn løk; hakket
- 6 fedd fersk hvitløk; finhakket, opptil 8
- 8 gram kremost; ved romtemp.
- 16 gram Rømme
- 12 unser Revet cheddarost
- 1 boks (14 oz.) artisjokkhjerter; drenert og kuttet i kvarte (vannpakket ikke marinert)

Veibeskrivelse:

a) Klipp et hull i toppen av brødet ca 5 tommer i diameter. Fjern mykt brød fra oppkuttet porsjon og kast. Reserver skorpen for å lage topp til brød.

b) Skrap ut det meste av den myke innsiden av brødet og spar til andre formål, for eksempel farse eller tørkede brødsmuler. I smøret,

c) Surr den grønne løken og hvitløken til løken visner. Skjær ostekremen i små biter, tilsett løk, hvitløk, rømme og cheddarost. Bland godt. Brett inn artisjokkhjerter , Ut all denne blandingen til uthulet brød. Legg toppen på brødet og pakk inn i en kraftig aluminiumsfolie . Stek i 350 graders ovn i $1\frac{1}{2}$ time.

d) Når du er klar, fjern folien og server, bruk cocktailrugbrød til å dyppe sausen ut.

54. Buffalo kyllingdip

Ingredienser:

- 1 (8-unse) pakke kremost

- 1/2 kopp Frank's Red - Hot saus

- 1/4 kopp fullfett hermetisk kokosmelk

- 1 1/2 kopper strimlet kokt kylling

- 3/4 kopp revet mozzarellaost, delt

- 1/2 kopp blåmuggost smuldrer

Veibeskrivelse:

a) Tilsett kremost i en middels kjele og varm opp på middels lav varme til den er smeltet. Rør inn varm saus og kokosmelk.

b) Når kombinert, tilsett kyllingen til den er gjennomvarme.

c) Fjern fra varmen og rør inn 1/2 kopp mozzarellaost og blåmuggostsmulder.

d) Overfør til en 8" × 8" ildfast form og dryss resten av mozzarellaosten på toppen. Stek i 15 minutter eller til osten er boblende. Serveres varm.

55. Pizzadip

Ingredienser:

- 1 (8-unse) pakke kremost, myknet
- 1/2 kopp vanlig gresk yoghurt
- 1 ts tørket oregano
- 1/4 ts tørket basilikum
- 1/2 ts granulert løk
- 1/2 ts granulert hvitløk
- 3/4 kopp pizzasaus uten tilsatt sukker
- 1/2 kopp revet mozzarellaost
- 1/4 ts salt _
- 1/4 ts sort pepper

Veibeskrivelse:

a) Forvarm ovnen til 350°F.

b) Kombiner kremost, yoghurt, oregano, basilikum, løk og hvitløk i en middels bolle og bland med en håndholdt mikser til den er kombinert. Fordel blandingen i bunnen av en 8" × 8" stekepanne.

c) Fordel pizzasaus på toppen av kremostblandingen, dryss over mozzarellaost, og topp med salt og pepper.

d) Stek tildekket i 15 minutter. Ta av lokket og stek i ytterligere 10 minutter eller til osten er gyllen og boblende.

56.　Ranch dip

Ingredienser:

- 1 kopp majones
- 1/2 kopp vanlig gresk yoghurt
- 1 1/2 ts tørket gressløk
- 1 1/2 ts tørket persille
- 1 1/2 ts tørket dill
- 3/4 teskje granulert hvitløk
- 3/4 teskje granulert løk
- 1/2 ts salt _
- 1/4 ts sort pepper

Veibeskrivelse:

a) Kombiner alle ingrediensene i en liten bolle.

b) La stå i kjøleskapet 30 minutter før servering.

57. Krydret reker og ostedip

Ingredienser:
- 2 skiver bacon uten tilsatt sukker
- 2 mellomstore gule løk, skrelt og i terninger
- 2 fedd hvitløk, finhakket
- 1 kopp popcorn reker (ikke den panerte typen), kokte
- 1 middels tomat, i terninger
- 3 kopper revet Monterey jack ost
- $1/4$ ts Franks rødglødende saus
- $1/4$ ts kajennepepper _
- $1/4$ ts sort pepper

Veibeskrivelse:

a) Stek baconet i en middels stekepanne på middels varme til det er sprøtt, ca 5-10 minutter. Ha fett i pannen. Legg baconet på et papirhåndkle for å avkjøles. Når det er avkjølt, smuldre baconet med fingrene.

b) Tilsett løk og hvitløk til bacondryppene i pannen og fres på middels lav varme til de er myke og velduftende, ca. 10 minutter.

c) Kombiner alle ingrediensene i en saktekoker; rør godt om. Kok tildekket på lav innstilling i 1-2 timer eller til osten er helt smeltet.

58. Hvitløk og bacon dip

Ingredienser:

- 8 skiver bacon uten tilsatt sukker
- 2 kopper hakket spinat
- 1 (8-unse) pakke kremost, myknet
- 1/4 kopp fullfet rømme
- 1/4 kopp vanlig helfett gresk yoghurt
- 2 ss hakket fersk persille
- 1 ss sitronsaft
- 6 fedd stekt hvitløk, most
- 1 ts salt
- 1/2 ts sort pepper
- 1/2 kopp revet parmesanost

Veibeskrivelse:

a) Forvarm ovnen til 350°F.

b) Stek bacon i middels stekepanne på middels varme til det er sprøtt. Fjern baconet fra pannen og sett til side på en tallerken dekket med papirhåndklær.

c) Tilsett spinat i varm panne og kok til den er visnet. Fjern fra varmen og sett til side.

d) Til en middels bolle, tilsett kremost, rømme, yoghurt, persille, sitronsaft, hvitløk, salt og pepper og pisk med en håndholdt mikser til det er kombinert.

e) Grovhakk bacon og rør inn i kremostblandingen. Rør inn spinat og parmesanost.

f) Overfør til en 8" × 8" stekepanne og stek i 30 minutter eller til den er varm og boblende.

59. Kremet geitost Pesto Dip

Ingredienser:

- 2 kopper pakket ferske basilikumblader
- ½ kopp revet parmesanost
- 8 gram geitost
- 1-2 ts finhakket hvitløk
- ½ ts salt
- ½ kopp olivenolje

Veibeskrivelse:

a) Bland basilikum, ost, hvitløk og salt i en kjøkkenmaskin eller blender til en jevn masse. Tilsett olivenolje i en jevn strøm og bland til det er blandet.

b) Server umiddelbart eller oppbevar i kjøleskap.

60. Hot Pizza Super dip

Ingredienser:

- Myknet kremost
- Majones
- Mozzarella ost
- Basilikum
- Oregano
- Hvitløkspulver
- Pepperoni
- Svarte oliven
- Grønn paprika

Veibeskrivelse:

a) Bland inn myknet kremost, majones og litt mozzarellaost. Tilsett et dryss basilikum, oregano, persille og hvitløkspulver, rør til det er godt blandet.

b) Fyll den på den dype tallerkenen og fordel den utover i et jevnt lag.

c) Fordel pizzasausen på toppen og legg til ditt foretrukne pålegg. For dette eksempelet vil vi legge til mozzarellaost, pepperoni svarte oliven og grønn paprika. Stek ved 350 grader i 20 minutter.

61. Bakt spinat og artisjokkdip

Ingredienser:

- 14 oz boks umarinerte artisjokkhjerter, drenert og grovhakket
- 10 oz frossen hakket spinat tint
- 1 kopp ekte mayo
- 1 kopp revet parmesanost
- 1 hvitløksfedd presset

Veibeskrivelse:

a) Tin frossen spinat og klem den deretter tørr med hendene.

b) Rør sammen: avrent og hakket artisjokk, presset spinat, 1 kopp majo, 3/4 kopp parmesanost, 1 presset hvitløksfedd og overfør til en 1-liters gryte eller paiform. Dryss på resterende 1/4 kopp parmesanost.

c) Stek uten lokk i 25 minutter ved 350°F eller til den er gjennomvarmet. Server med din favorittcrostini, chips eller kjeks.

SØTTE GODS

62. Bacon And Geit Cheese Pops

INGREDIENSER

- 8 skiver bacon, stekt til de er sprø
- 4 gram geitost
- 4 gram kremost (ikke pisket!)
- 1 ts honning
- 1 ts timian
- 2 ss persille, finhakket
- 1/2 ts nyknekket pepper
- 20 bakte eplechips (du må bruke 2 epler)

Veibeskrivelse:

a) Klapp hvert stykke kokt bacon med papirhåndkle for å fjerne fett. Finhakk baconet og ha i en liten bolle. Tilsett timian, persille og fersk, knust pepper og bland for å kombinere. Sette til side.

b) Tilsett geitosten, kremosten og honningen i en middels bolle. Bruk en gaffel eller tresleiv og bland til det er godt blandet.

c) Rull geitostblandingen til baller på størrelse med tommel. Rull hver av disse kulene i baconblandingen. Sett til side på en bakeplate. Oppbevar kuler, dekket med et stykke saran wrap, i kjøleskapet til de skal serveres.

d) Legg 1 geitostball på toppen av hver bakt eplechips. Stikk en slikkepinne i toppen av hver geitosteball

63. Kokosvaniljeispinner

- 2 kopper usøtet kokoskrem, avkjølt
- 1/4 kopp usøtet strimlet kokosnøtt
- 1 ts vaniljeekstrakt
- 1/4 kopp erytritol eller granulær Swerve

Veibeskrivelse:

a) Ha alle ingrediensene i en blender og kjør til de er helt blandet, ca. 30 sekunder.

b) Hell blandingen i 8 ispinneformer, bank på former for å fjerne luftbobler.

c) Frys i minst 8 timer eller over natten.

d) Fjern popsicles fra formene. Hvis popsicles er vanskelig å fjerne, kjør former under varmt vann en kort stund, og popsicles vil løsne.

64. Frosne fudge-ispinner

Ingrediens

- 1 pakke (3 3/4 oz) sjokoladefudge
- Pudding og paifyll.
- 2 ss sukker
- 3 kopper melk

Veibeskrivelse:

a) Bland puddingblandingen, sukker og melk i en kjele. Kok på middels varme under konstant omrøring til blandingen koker opp. Fjern fra varmen og avkjøl i 5 minutter. rør to ganger. Sett i fryseren i ca 30 minutter for å avkjøle og tykne. Hell blandingen i de 10 oz papirkoppene og sett inn en ispinne av tre eller plastskje i hver kopp. Dekk hver kopp med folie etter å ha kuttet et lite hull akkurat stort nok til å stikke pinne eller skjehåndtak gjennom.

b) Folien hjelper til med å plassere pinnene oppreist og vil forhindre at popsicles dehydrerer. Frys til den er stiv. Skjær vekk papirkoppene før servering

65. Oransje tranebærispinner

Ingrediens

- 1 (6 oz) boks frosset appelsinjuicekonsentrat, myknet
- 1 (6 oz) boks vann
- 1 halvliter vaniljeis, myknet, eller 2 beholdere med
- Naturell yoghurt
- ispinner
- Kopper

Veibeskrivelse:

a) Visp i en blender.

b) Hell i former, sett inn staver og frys.

66. Polynesiske ispinner

- 1 kopp skummet melk
- 1 konvolutt gelatin uten smak
- ½ kopp honning eller sukker
- 1 eggehvite
- 1¼ kopper aprikosnektar eller hermetisk ananasjuice
- ispinner og kopper

Veibeskrivelse:

a) Hell melk i blenderen og tilsett gelatin. La mykne i ett minutt før du tilsetter resten av ingrediensene til pisk.

b) Hell i former, sett inn staver og frys.

67. Peach Whip Cream Creamsicles

- 1 (6 oz) boks fersken i lett sirup eller 2 ferske modne fersken, skåret i skiver og pit
- 1 kopp tung krem
- 1 ts sukker eller honning (valgfritt)
- ispinner og kopper

Veibeskrivelse:

a) Pisk fløte i en blender i 30-45 sekunder. Tilsett fersken og honning.

b) Rør til det er glatt. Hell i former, sett inn staver og frys.

68. Sjokolade pops

- 1 (8 oz) beholder vanlig yoghurt
- 2 ss kakao eller johannesbrødpulver
- 2 ss brunt sukker eller honning
- ispinner og kopper

Veibeskrivelse:

a) Gjør flytende i en blender, hell i former, sett inn ispinner og frys.

69. Snøkongler i glass

Veibeskrivelse:

a) Frys appelsinjuice (eller annen smaksatt juice) i isbitbrett, legg frosne juiceterninger i en plastpose for å lagre.

b) Ha tre til seks av disse terningene om gangen i en blender.

c) Slå blenderen på og av til terningene når en snøaktig konsistens. Legg i en kopp for å servere.

d) Hele partiet blandet på en gang vil beholde karnevalskonsistensen lagret i en beholder i fryseren. Barn kan tjene seg selv

e) Å tilsette litt vann gjør det til en "slush". Selv barn som ikke bryr seg om appelsinjuice liker det på denne måten.

70. Vannmelonispinner

- 1 kopp frøfri vannmelonbiter
- 1 kopp appelsinjuice
- 1 kopp vannglass
- pinner og kopper

Veibeskrivelse:

a) Bland disse ingrediensene i en blender, hell i former, sett inn pinner og frys.

b) Tjene

71. Matcha-ispinner

- 2 kopper usøtet kokoskrem, avkjølt
- 2 ss kokosolje
- 1 ts matcha
- ¼ kopp erytritol eller _{granulær} Swerve

Veibeskrivelse:

a) Ha alle ingrediensene i en blender og kjør til de er helt blandet, ca. 30 sekunder.

b) Hell blandingen i 8 ispinneformer, bank på former for å fjerne luftbobler.

c) Frys i minst 8 timer eller over natten.

d) Fjern popsicles fra formene. Hvis popsicles er vanskelig å fjerne, kjør former under varmt vann en kort stund, og popsicles vil løsne.

KANAPÉER

72. Asparges og feta kanapeer

Ingrediens

- 20 skiver Tynt hvitt brød
- 4 gram blåmuggost
- 8 gram kremost
- 1 Egg
- 20 Spears hermetisert asparges drenert
- ½ kopp smeltet smør

Veibeskrivelse:

a) Kutt skorpene fra brødet og flat med en kjevle. Bland oster og egg til en brukbar konsistens og fordel jevnt på hver brødskive. Legg et aspargesspyd på hver skive og rull sammen. Dypp i smeltet smør for å dekke grundig. Legg på kakepapir og frys.

b) Når den er fast frossen, skjær den i passe store biter. (Hvis du fryser for en fremtidig dato, legg bite store biter i en frysepose - ikke tine for å lage mat)

Legg på kakepapir og stek ved 400 F i 20 min.

73. Stekte sjømatkanapeer

Ingrediens

- 1 kopp Kokt sjømat, flak
- 6 skiver loff
- ¼ kopp Smør
- ¼ kopp Cheddar eller 1/3 kopp ketchup eller chilisaus
- Amerikansk ost, revet

Veibeskrivelse:

a) Toast brød på den ene siden; skjær av skorpene og del brødet i to.

b) Smør un ristede sider; dekk med et lag sjømat, deretter ketchup og topp med ost. Legg kanapeer på et stekebrett under broileren.

c) Stek til osten er smeltet og kanapéene er gjennomvarme.

d) Gir 12 kanapeer .

74. Kaviarkanapeer og hors d'oeuvres

Ingrediens

- brød skåret i former eller Melbas
- eggesalatpålegg
- et pålegg av kaviar, hakket løk og sitron
- juice
- en enkelt liten reke som garnityr.
- en ring med skivet, rå, mild løk

Veibeskrivelse:

a) dypp agurkskive i fransk dressing og legg inni løkringen

b) dekk agurk med liten haug av kaviar krydret med sitron- og løkjuice

c) Pynt med kapers, gressløk eller riset hardkokte egg.

75. Fromage-chevre kanapeer

Ingrediens

- 10 små røde poteter, (3/4 pund)
- Vegetabilsk matlagingsspray
- ¼ teskje salt
- ¼ kopp skummet melk
- 6 gram Chevre, (mild geitost)
- 20 belgiske endivblader, (3 mellomstore hoder)
- 10 frøfrie røde druer, halvert
- 1 ss kaviar

Veibeskrivelse:

a) Damp poteter, dekket, 13 minutter eller til de er møre; la avkjøles.

b) Dekk potetene lett med kokespray og del dem i to. Skjær og kast en tynn skive fra bunnen av hver potethalvdel slik at de står opp.

c) Dryss potethalvdelene med salt.

d) Kombiner melk og ost i en bolle; rør godt om.

e) Hell blandingen i en konditorpose utstyrt med en stor stjernespiss; rør blandingen på potethalvdelene og inn i endivbladene. Topp hvert endivblad med en druehalvdel. Dekk til og avkjøl om ønskelig.

76. Sterke soppkanapeer

Ingrediens

- $\frac{1}{4}$ kopp hakket sopp
- $\frac{1}{4}$ kopp revet Monterey Jack Cheese
- $\frac{1}{4}$ kopp majones
- 3 skiver rugbrød
- $1\frac{1}{2}$ ts revet parmesanost

Veibeskrivelse:

a) Rist rugbrødet og del i to.

b) Dekk hver halvdel med sopp-ostblanding og dryss med parmesan og stek ved 350 F. i 15-20 minutter eller til osten er boblende.

77. Rumaki kanapeer

Ingrediens

- ½ kopp Vann
- 1 teskje Kyllingbuljong
- 250 gram Kyllinglever
- 1 spiseskje Shoyu
- ½ teskje Løkpulver, tørr sennep
- ¼ teskje Muskat
- ¼ kopp Tørr sherry
- 1 strek Peppersaus
- 220 gram Vannkastanjer
- 6 Bacon

Veibeskrivelse:

a) Bland vann, buljong og lever i 1-liters gryte. Kok på høy 4-5 minutter til den ikke lenger er rosa. Tappe.

b) Stek bacon på tørkepapir i 5-6 minutter til det er sprøtt. Smuldre og sett til side.

c) Ha lever, shoyu, løk og sennep, muskat og sherry i foodprosessor. Bland til jevn. Tilsett peppersaus sparsomt. Rør inn vannkastanjer og bacon.

d) Smør tykt på toasttrekanter eller kjeks. Forbered på forhånd og varm opp ved å legge den på en papirkledd tallerken. Bruk middels høy effekt i 1-2 minutter til den er gjennomvarmet.

e) Pynt med olivenskive eller piment.

78. Kanapeer med laksemousse

Ingrediens

- 7½ unse rød laks på boks, drenert
- 2 gram røkt laks, kuttet i 1-tommers biter
- ¼ ts revet sitronskall
- 3 ss fettfri majones
- 1 ss fersk sitronsaft
- ¼ kopp finhakket rød paprika
- 2 ss Finhakket grønn løk
- 1 ss Finhakket fersk persille
- 1 dl nykvernet pepper
- 8 skiver Pumpernickel-brød i feststil
- 8 skiver Rugbrød i feststil
- 4 Rugknekkebrødkjeks, delt i to
- ½ kopp alfalfaspirer

Veibeskrivelse:

a) Kast skinn og bein fra laks på boks; flak laks med en gaffel.

b) Plasser knivbladet i food prosessor bollen; legg til laks, røkelaks og de neste 3 ingrediensene. Bearbeid til glatt.

c) Hell i en bolle; rør inn paprika og de neste 3 ingrediensene. Dekk til og avkjøl. Utbytte: 2 dusin forretter (porsjonsstørrelse: 1 forrett).

79. Spirer-fylte kanapeer

Ingrediens

- 1 pakke kanapeer i ønsket form
- 1 kopp bønnespirer
- ½ kopp finhakket løk
- ½ kopp finhakket tomat
- ¼ kopp finhakket koriander
- ¼ kopp finhakket kokt potet
- ½ sitron
- Salt etter smak
- Nykvernet spisskummenfrøpulver
- 4 grønn chili finhakket; (4 til 5)
- 1 kopp Fine bikaneri sev; (valgfri)
- ½ kopp Tamarind chutney
- ½ kopp grønn chutney
- Olje til frityrsteking eller ovn til baking

Veibeskrivelse:

a) Friter dem til de er lysebrune. Tøm på kjøkkenhåndkle. Gjør alle kanapeer og hold dem til side.

b) Bland løk, tomat, poteter, halvparten av koriander, sitron, salt og grønn chili sammen. Avkjøl den en stund.

c) Før du serverer fyllblandingen i kanapeer , legg en dæsj av begge chutneyene på toppen. Dryss en klype salt og spisskummen (jeera). Pynt med sev og resterende koriander.

FORRETTSALATER

80. Tunfisk og agurkbiter

- 2 (5-unse) bokser tunfisk pakket i vann, drenert

- 2 store hardkokte egg, skrellet og hakket

- 1/2 kopp majones _

- 1/2 ts salt _

- 1/2 ts sort pepper

- 2 ts geitost

- 1 middels agurk, kuttet i runder

Veibeskrivelse:

a) Ha tunfisk i en middels bolle med hakkede egg, majones, salt og pepper. Mos med en gaffel til det er blandet.

b) Fordel like mye geitost på hver agurkskive og topp med tunfisksalatblanding.

81. Rødbete forrett salat

Ingrediens

- 2 pund rødbeter
- Salt
- ½ hver Spansk løk, i terninger
- 4 tomater, flådd, frøsett og i terninger
- 2 ss eddik
- 8 ss olivenolje
- Svarte oliven
- 2 hver Hvitløksfedd, hakket
- 4 spiseskjeer Italiensk persille, hakket
- 4 spiseskjeer Koriander, hakket
- 4 medier Poteter, kokte
- Salt og pepper
- Varm rød pepper

Veibeskrivelse:

a) Skjær av endene av rødbeter. Vask godt og kok i kokende saltet vann til de er møre. Tøm og fjern skinn under rennende kaldt vann. Terning.

b) Bland sammen ingrediensene til dressingen.

c) Kombiner rødbeter i en salatskål med løk, tomat, hvitløkskoriander og persille. Hell over halvparten av dressingen, bland forsiktig og avkjøl i 30 minutter. Skjær potetene i skiver, legg i en grunn bolle og bland med resten av dressingen. Slapp av.

d) Når du er klar til å sette sammen, ordner du rødbeter, tomat og løk i midten av en grunn bolle og legger poteter i en ring rundt dem. Pynt med oliven.

82. Karriedegg salat endive kopper

Ingrediens

- 1 stort hardkokt egg, skrelt
- 1 ts karripulver
- 1 ss kokosolje
- 1/8 $_{ts}$ havsalt _
- 1/8 ts $_{sort}$ pepper
- 2 belgiske endivblader, vasket og tørket

Veibeskrivelse:

a) I en liten foodprosessor blander du alle ingrediensene unntatt endive til det er godt blandet.

b) Øs 1 ss eggesalatblanding på hver endiviekopp.

c) Server umiddelbart.

83. Nasturtium reker forrett salat

Ingrediens

- 2 ts fersk sitronsaft
- ¼ kopp olivenolje
- Salt og pepper
- 1 kopp kokte reker; hakket
- 2 ss Finhakket løk
- 1 liten tomat; terninger
- 1 avokado; terninger
- Salatblader
- 2 ss hakkede nasturtiumblader
- Nasturtium blomster

Veibeskrivelse:

a) Visp sammen sitronsaft og olje. Smak til med salt og pepper. Tilsett løk og reker og bland. La stå i 15 minutter.

b) Tilsett tomat, avokado og hakkede nasturtiumblader. Haug på salatblader og

omslutt med friske hele nasturtium-
blomster.

84. Zucchini forrett salat

Ingrediens

- ½ kopp Fersk sitronsaft
- ½ kopp Salat olje
- 1 stor Hvitløksfedd
- Salt og pepper etter smak
- 2 klyper Sukker
- 8 Zucchini
- Salatblader
- 2 medier Størrelse på tomater
- ½ liten grønn pepper hakket
- 3 spiseskjeer Veldig finhakket løk _
- 1 spiseskje Kapers
- 1 kvist persille
- 1 teskje Basilikum
- ½ teskje Oregano

Veibeskrivelse:

a) Dressing: Kombiner alle ingrediensene og sett til side.

b) Salat: La småkoke hel zucchini uten lokk i saltet vann i ca. 5 minutter. Hell av det varme vannet og skyll med kaldt vann umiddelbart for å stoppe kokeprosessen. Tappe. Skjær hver zucchini i to på langs.

c) Øs forsiktig ut fruktkjøttet . Legg zucchini med kuttesiden opp i en flat form uten metall. Dekk med halve dressingen.

d) Dekk tett med folie. sett i kjøleskapet for å marinere i minst 4 timer.

85. Pepper salat forrett

Ingrediens

- 6 store paprika
- 1 middels løk; grovhakket
- Salt og pepper etter smak
- 3 ss eddik (mer om ønskelig)
- ¼ kopp olivenolje
- Oregano

Veibeskrivelse:

a) Bake paprika i varm 450 F ovn i ca 20 minutter eller til visnet og myk. Fjern frø og ytre skinn.

b) Skjær i biter og legg i en bolle. Tilsett løk, salt og pepper. Bland eddik og olivenolje og tilsett paprika.

c) Dryss over oregano. Juster krydder om nødvendig.

86. Fest antipasto salat

Ingrediens

- 1 boks (16 oz.) artisjokkhjerter; drenert/halvert
- 1 pund frossen rosenkål
- ¾ pund Cherrytomater
- 1 krukke (5 3/4 oz.) grønne spanske oliven; drenert
- 1 krukke (12 oz.) pepperoncini-pepper; drenert
- 1 pund fersk sopp; renset
- 1 boks (16 oz.) hjerter av palme; valgfri
- 1 pund Pepperoni eller salami; terninger
- 1 krukke (16 oz.) svarte oliven; drenert
- ¼ kopp rødvinseddik
- ¾ kopp Oliven olje
- ½ teskje Sukker
- 1 teskje Dijon sennep
- Salt; å smake

- nykvernet pepper; å smake

Veibeskrivelse:

a) Bland alle ingrediensene før du tilsetter vinaigretten.

b) Avkjøl i 24 timer.

87. Rosa festsalat

Ingrediens

- 1 boks (No 2) knust ananas
- 24 store Marshmallows
- 1 pakke Jordbær Jello
- 1 kopp Pisker krem
- 2 kopper Sm. ostemasse cottage cheese
- $\frac{1}{2}$ kopp nøtter; hakket

Veibeskrivelse:

a) Varm juice fra ananas med marshmallows og Jello. Kul.

b) Bland kremfløte, ananas, cottage cheese og nøtter. Tilsett den første blandingen og vend inn.

c) Avkjøl over natten.

88. Cajun spam party salat

Ingrediens

- 8 gram Pasta i vognhjulform
- 1 boks Marinerte artisjokkhjerter (6 oz)
- 1 boks SPAM Luncheon Meat, i terninger (12 oz)
- ⅓ kopp Oliven olje
- ¼ kopp Kreolsk krydderblanding
- 1 spiseskje Sitronsaft
- 1 spiseskje Majones eller salatdressing
- 1 spiseskje Hvitvinseddik
- 1 kopp Hakket paprika
- ½ kopp Finhakket rødløk
- ½ kopp Skiver modne oliven
- Fersk basilikum og tørket oregano
- ½ teskje Tørr sennep
- ½ teskje Tørkede timianblader
- 1 hvitløksfedd, hakket

Veibeskrivelse:

a) Tøm artisjokker, behold marinade; kuttet i kvarte.
b) Kombiner alle salatingrediensene i en stor bolle. I blender kombinerer du reservert artisjokkmarinade med de resterende dressingingrediensene.
c) Bearbeid til glatt. Tilsett dressing i salaten, bland godt. Dekk til og avkjøl i flere timer eller over natten.

89. Cocktail teriyaki

Ingrediens

- 3½ pund Magert biff
- 1 kopp Soyasaus
- 3 fedd hvitløk; finhakket
- 2 spiseskjeer Frisk revet ingefær
- 1 teskje Aksent

Veibeskrivelse:

a) Skjær biff i ½-tommers terninger. Kombiner soyasaus, ingefær, hvitløk og Accent.

b) La blandingen blande i 1 time. Legg til biff og mariner over natten i kjøleskap i en plastpose eller en grunn dekket plast- eller glassbeholder, rør av og til.

c) Spidd kjøttterninger på små bambuspinner, ca 4-5 stk per pinne. Gir ca 70 cocktailkabobs.

d) Arranger a t r aktivt på foliedekket brett og la gjestene steke individuelt på habachi eller grill .

CHIPS og CRISPS

90. Prosciutto chips

Ingrediens

- 12 (1 unse) skiver prosciutto
- Olje

Veibeskrivelse:

a) Forvarm ovnen til 350°F.

b) Kle en stekeplate med bakepapir og legg prosciuttoskiver i ett lag. Stek i 12 minutter eller til prosciutto er sprø.

c) La avkjøles helt før du spiser.

91. Betechips

Ingrediens

- 10 mellomstore rødbeter
- 1/2 kopp avokadoolje
- 2 ts havsalt
- 1/2 ts granulert hvitløk

Veibeskrivelse:

a) Forvarm ovnen til 350°F. Kle noen bakepapir med bakepapir og sett til side.

b) Skrell rødbeter med en grønnsaksskjærer og skjær av endene. Skjær rødbeter forsiktig i rundinger, ca 3 mm tykke, med en mandolinskjærer eller en skarp kniv.

c) Legg skivede rødbeter i en stor bolle og tilsett olje, salt og granulert hvitløk. Kast for å belegge hver skive. Sett til side 20 minutter, la salt trekke ut overflødig fuktighet.

d) Tøm overflødig væske og legg snittede rødbeter i et enkelt lag på tilberedte bakeplater. Stek i 45 minutter eller til de er sprø.

e) Ta ut av ovnen og la avkjøles. Oppbevar i en lufttett beholder til den skal spises, opptil 1 uke.

92. Byggchips

Ingrediens

- 1 kopp universalmel
- ½ kopp byggmel
- ½ kopp rullet bygg (bygg
- Flak)
- 2 ss sukker
- ¼ teskje salt
- 8 ss (1 stav) smør el
- Margarin, myknet
- ½ kopp Melk

Veibeskrivelse:

a) I en stor bolle eller i foodprosessoren, rør sammen mel, bygg, sukker og salt.

b) Skjær i smøret til blandingen minner om grovt måltid. Tilsett nok av melken til å danne en deig som holder sammen til en sammenhengende ball.

c) Del deigen i 2 like deler for kjevling. Rull ut til $\frac{1}{8}$ til $\frac{1}{4}$ tomme på en melet overflate eller konditorklut. Skjær i 2-tommers sirkler eller firkanter og legg på en lett smurt eller bakepapirkledd stekeplate. Prikk hver kjeks på 2 eller 3 steder med tindene på en gaffel.

d) Stek i 20 til 25 minutter, eller til middels brunt. Avkjøl på rist.

93. Cheddar mexi-smelt crisps

Ingrediens

- 1 kopp revet skarp cheddarost
- 1/8 ts granulert hvitløk
- 1/8 ts chilipulver _
- 1/8 ts malt spisskummen
- 1/16 ts kajennepepper _
- 1 ss finhakket koriander
- 1 ts olivenolje

Veibeskrivelse:

a) Forvarm ovnen til 350°F. Forbered et kakeark med bakepapir eller en Silpat-matte.

b) Bland alle ingrediensene i en middels bolle til det er godt blandet.

c) Slipp etter spiseskjestore porsjoner på tilberedt kakepapir.

d) Stek i 5-7 minutter til kantene begynner å bli brune.

e) La det avkjøles i 2-3 minutter før du fjerner det fra kakeplaten med en slikkepott.

94. Pepperonichips

Ingrediens

- 24 skiver sukkerfri pepperoni
- Olje

Veibeskrivelse:

a) Forvarm ovnen til 425°F.

b) Kle en stekeplate med bakepapir og legg ut pepperoniskiver i ett lag.

c) Stek i 10 minutter og ta deretter ut av ovnen og bruk et papirhåndkle for å fjerne overflødig fett. Sett tilbake i ovnen i 5 minutter til eller til pepperonien er sprø.

95. Englesnødder

Ingrediens

- ½ kopp Sukker
- ½ kopp brunt sukker
- 1 kopp Forkorting
- 1 egg
- 1 teskje Vanilje
- 1 teskje Krem av tartar
- 2 kopper Mel
- ½ teskje Salt
- 1 teskje Bakepulver

Veibeskrivelse:

a) Fløtesukker, brunt sukker og matfett. Tilsett vanilje og egg. Bland til luftig. Tilsett de tørre ingrediensene; blanding.

b) Trill teskjeer til kuler. Dypp i vann og deretter i granulert sukker. Legg på kakepapir med sukkersiden opp og flat ut med et glass.

c) Stek på 350 grader i 10 minutter.

96. Kyllingskinnskrips satay

Ingrediens

- Skinn fra 3 store kyllinglår
- 2 ss tykk peanøttsmør uten sukker
- 1 ss usøtet kokoskrem
- 1 ts kokosolje
- 1 ts med frø og finhakket jalapeñopepper
- 1/4 fedd hvitløk, finhakket
- 1 ts kokosnøttaminos

Veibeskrivelse:

a) Forvarm ovnen til 350°F. På en kakeplate dekket med bakepapir, legg ut skinn så flatt som mulig.

b) Stek i 12-15 minutter til skinnet blir lysebrunt og sprøtt, pass på så det ikke brenner seg.

c) Fjern skinnet fra kakeplaten og legg på et papirhåndkle for å avkjøle.

d) Tilsett peanøttsmør, kokoskrem, kokosolje, jalapeño, hvitløk og kokosnøttaminosyrer i en liten foodprosessor. Bland til det er godt blandet, ca 30 sekunder.

e) Skjær hvert sprø kyllingskinn i 2 stykker.

f) Legg 1 ss peanøttsaus på hver chicken crisp og server umiddelbart. Hvis sausen er for rennende, avkjøl 2 timer før bruk.

97. Kyllingskinn med avokado

Ingrediens

- Skinn fra 3 store kyllinglår
- 1/4 middels avokado, skrellet og uthulet
- 3 ss helfet rømme
- 1/2 middels jalapeñopepper, frøsådd og finhakket
- 1/2 ts havsalt _

Veibeskrivelse:

a) Forvarm ovnen til 350°F. Legg ut skinn så flatt som mulig på en kakeplate dekket med bakepapir.

b) Stek i 12-15 minutter til skinnet blir lysebrunt og sprøtt, pass på så det ikke brenner seg.

c) Fjern skinnet fra kakeplaten og legg på et papirhåndkle for å avkjøle.

d) Kombiner avokado, rømme, jalapeño og salt i en liten bolle.

e) Bland med en gaffel til det er godt blandet.

f) Skjær hvert sprø kyllingskinn i 2 stykker.

g) Legg 1 ss avokadoblanding på hver chicken crisp og server umiddelbart.

98. Parmesan grønnsakskrips

Ingrediens

- ³/₄ kopp strimlet zucchini
- ¹/₄ kopp revne gulrøtter
- 2 kopper nyrevet parmesanost
- 1 ss olivenolje
- ¹/₄ ts sort pepper

Veibeskrivelse:

a) Forvarm ovnen til 375°F. Forbered et kakeark med bakepapir eller en Silpat-matte.

b) Pakk strimlede grønnsaker inn i et papirhåndkle og vri ut overflødig fuktighet.

c) Bland alle ingrediensene i en middels bolle til de er grundig kombinert.

d) Legg hauger på størrelse med spiseskjeer på tilberedt kakepapir.

e) Stek i 7-10 minutter til de er lett brune.

f) La avkjøles i 2-3 minutter og fjern fra kakeplaten.

99. Kokoschips med gresskarpai

Ingrediens

- 2 ss kokosolje
- 1/2 ts vaniljeekstrakt _
- 1/2 ts gresskarpaikrydder _
- 1 spiseskje granulert erytritol
- 2 kopper usøtet kokosflak
- 1/8 ts salt _

Veibeskrivelse:

a) Forvarm ovnen til 350°F.

b) Ha kokosolje i en middels mikrobølgeovn-sikker bolle og mikrobølgeovn til smeltet, ca 20 sekunder. Tilsett vaniljeekstrakt, gresskarpaikrydder og granulert erytritol i kokosolje og rør til det er blandet.

c) Plasser kokosflak i en middels bolle, hell kokosnøttoljeblandingen over dem og bland til belegg. Spred ut i et enkelt lag på en kakepapir og dryss over salt.

d) Stek i 5 minutter eller til kokosnøtten er sprø.

100. Crisps av kyllingskinn alfredo

Ingrediens

- Skinn fra 3 store kyllinglår
- 2 ss ricottaost
- 2 ss kremost
- 1 ss revet parmesanost
- 1/4 fedd hvitløk, finhakket
- 1/4 ts kvernet hvit pepper

Veibeskrivelse:

a) Forvarm ovnen til 350°F. På en kakeplate dekket med bakepapir, legg ut skinn så flatt som mulig.

b) Stek i 12-15 minutter til skinnet blir lysebrunt og sprøtt, pass på så det ikke brenner seg.

c) Fjern skinnet fra kakeplaten og legg på et papirhåndkle for å avkjøle.

d) Tilsett ost, hvitløk og pepper i en liten bolle. Bland med en gaffel til det er godt blandet.

e) Skjær hvert sprø kyllingskinn i 2 stykker.

f) Legg 1 ss osteblanding på hver kyllingsprø og server umiddelbart.

KONKLUSJON

Takk for at du nådde dette punktet.

Mulighetene er endeløse. Det er så mange forskjellige typer fingermat-forretter du kan servere før middag!

Hvis du ikke har tid eller båndbredde til å sette sammen 60 miniglidere, ikke gjør det! Hvis du ikke har råd til krabbeklør, gå med noe som er billig og budsjettvennlig!

www.ingramcontent.com/pod-product-compliance
Lightning Source LLC
Chambersburg PA
CBHW070648120526
44590CB00013BA/876